Rosière de Valentino (La)

LA ROSIÈRE

DE

VALENTINO

Bouffonnerie en un acte

PAR

M. WILLIAM BUSNACH

Représentée pour la première fois à Paris, sur le théâtre
des Folies-Bergère, le 2 février 1872

PRIX : 1 FRANC

PARIS

L. BATHLOT, ÉDITEUR | A. CORSIER
39, rue de l'Échiquier, 39 | 9, Faubourg dn Temple, 9

Paris. — Imprimerie Alcan Lévy
61, rue de Lafayette, 61

LA ROSIÈRE

DE

VALENTINO

Bouffonnerie en un acte

PERSONNAGES

LE BARON AGÉNOR DE LURELURE........	MM. MAXNÈRE.
CHANTELOUP, garde champêtre...........	Armand BEN.
FIRMIN, paysan........................	Mmes LÉRY.
LOLOTTE, nièce de Chanteloup............	MALVINA.
CLIQUETTE, éleveuse d'abeilles	DÉSIRÉE.

La scène se passe de nos jours dans un village du Berry.
Le théâtre représente une place publique. A gauche, la maison occupée par Cliquette.

SCÈNE PREMIÈRE

(Au lever du rideau il fait jour.)

FIRMIN, *seul, puis* CLIQUETTE.

(Il entre par la droite. Il regarde si personne ne le suit. Puis, arrivé devant la maison de Cliquette, il se met à chanter à mi-voix le couplet suivant :

AIR : *Sérénade de l'amant jaloux.*

I

Écoute, ô mon amie,
La voix de ton amant,
Descends un seul moment,
Ma Cliquette chérie.
Viens sans effroi,
Viens près de moi,

Tout dort dans le village,
Ne crains pas les regards jaloux,
Le dieu d'amour veille sur nous.
Viens... que je puisse à tes genoux
T'en conter davantage.

(A ce moment, la porte de la maisonnette de Cliquette s'entr'ouve doucement et Cliquette paraît.)

CLIQUETTE.

Eh bien, Firmin! êtes-vous devenu fou ?

FIRMIN.

Comment! Cliquette! c'est ainsi que tu me reçois ?

CLIQUETTE.

Vous en venir, dès l'aube, me chanter votre amour! Sauvez-vous bien vite... Si l'on vous apercevait.

FIRMIN.

Il n'y a pas de danger... (*Il veut lui prendre la main.*)

CLIQUETTE.

Laissez-moi... Le père Chanteloup, le garde champêtre, n'aurait qu'à passer par ici... C'est justement lui qui est chargé par le baron de Lurelure du soin de rechercher la plus méritante....

FIRMIN.

Pour la couronne de rosière que l'on va décerner aujourd'hui.

CLIQUETTE.

Si l'on nous voyait ensemble à cette heure...

FIRMIN.

Mais, ma petite Cliquette.

CLIQUETTE.

D'ailleurs, voyons, Firmin, qu'est-ce que tu me veux?...

FIRMIN.

Te voir, te dire que je t'adore...

CLIQUETTE.

C'est fait... sauve-toi vite.

FIRMIN.

Et de plus... (*Il tend la tête comme pour l'embrasser.*)

CLIQUETTE.

Mais va-t'en donc! (*Elle referme vivement la porte.*)

FIRMIN.

Méchante! (*Regardant à gauche.*) Oh! elle a bien fait tout de même de rentrer si vivement. Voilà le père Chanteloup et le baron de Lurelure; qu'ils ne m'aperçoivent pas. (*Il se sauve par la droite.*)

SCÈNE II

LURELURE, CHANTELOUP.

CHANTELOUP.

Comment! monsieur le baron... c'est bien vous que je viens d'avoir l'honneur de rencontrer... à cette heure matinale où tout sommeille encore dans la nature, excepté le coq et moi.

LURELURE.

En effet... ce matin le sommeil avait déserté ma couche... et puis, je tenais à causer avec vous le plus tôt possible.

CHANTELOUP.

Au sujet de l'imposante cérémonie...

LURELURE.

Qui doit assurer ma nomination au conseil général du département.

CHANTELOUP.

Ah!... monsieur le baron... vous aspirez...

LURELURE.

Qui, Chanteloup, oui... ce sera le couronnement de ma vie austère... car, apprenez-le, Chanteloup, vous avez devant vous un homme qui a eu une vie austère!

CHANTELOUP.

Je n'en doute pas, monsieur le baron!

LURELURE, *déclamant.*

Mon existence a été pure, exempte de passions!..... En un mot, les calembredaines m'ont toujours été étrangères!...

CHANTELOUP, *à part.*

Il se croit devant ses électeurs!

LURELURE.

C'est pour cela que j'ai institué un prix de sagesse et bonnes mœurs dans ces contrées... où cela était tout à fait inconnu... Pas les bonnes mœurs... le prix!

CHANTELOUP.

De plus, comme vous avez craint que la couronne toute seule ne fût pas un attrait suffisant pour nos naïves villageoises...

LURELURE.

J'y ai ajouté une prime de cinquante francs, moitié argent, moitié billets.

CHANTELOUP.

Et vous m'avez confié le soin de vous présenter le sujet le plus digne...

LURELURE.

Vous m'avez parlé, comme réunissant les qualités requises, d'une jeune personne...

CHANTELOUP, *vivement*.

La petite Cliquette... En effet, monsieur le baron, j'avais pensé d'abord à cette fillette dont l'innocence...

LURELURE.

Ah! mon Dieu!... Est-ce que depuis trois jours, cette innocence... aurait-elle sombré?

CHANTELOUP.

Oh! non, monsieur le baron... je ne crois pas qu'elle ait sombré!

LURELURE.

Non... mais vous craignez peut-être qu'une voie d'eau ne se soit déclarée dans le navire.

CHANTELOUP, *vivement*.

Je ne dis pas cela! seulement on ne saurait agir avec une trop grande circonspection.

LURELURE.

C'est vrai!... c'est vrai... mais la cérémonie est fixée à tantôt... J'ai reçu hier le voile et la couronne que j'avais commandés à Paris. Il ne me manque donc plus que la rosière.

CHANTELOUP.

Ne craignez rien, monsieur le baron; tout à l'heure j'aurai l'honneur de vous présenter la candidate qui m'aura paru la plus digne de porter à son front cette fleur, emblème de l'innocence qu'elle avait en venant au monde.

LURELURE.

Et qui semble dire : Elle l'a encore !

CHANTELOUP.

Aussi vais-je immédiatement continuer mes investigations minutieuses et intelligentes...

LURELURE.

Je m'en rapporte à vous... A tout à l'heure, n'est-ce pas?

CHANTELOUP.

A tout à l'heure, monsieur le baron !

AIR : *Des Dames de la halle.*

CHANTELOUP.

Ne craignez pas que je néglige
L'objet qui vous tient tant au cœur,
J' vous l' promets, n'ayez pas peur.

LURELURE.

Il me tard' d'honorer l'honneur.

CHANTELOUP.

Après tout c' n'est pas un prodige,
Qu'un' fille qui mérite le prix,
Ça doit s' trouver dans l' pays.

LURELURE.

Y en a bien sûr dans l' pays.

CHANTELOUP.

Oui, nous découvrirons la chose.

LURELURE.

Et je décernerai la rose.
Je veux renouveler cet us !

CHANTELOUP.

Il m'en faut un', mordicus,
Qui réponde au prospectus.   (*Bis.*)
J'en trouverai bien une, je le gage,
Ne m'en d'mandez pas davantage
Je n' crois pas qu'on puisse en trouver da-
[vantage.

(*Reprise ensemble des trois derniers vers. —
Le baron sort par la gauche.*)

SCÈNE III

CHANTELOUP, *seul.*

Et dire que cela marchait si bien!... La petite Cliquette aurait parfaitement fait l'affaire... Malheureusement, j'ai reçu hier de ma filleule Lolotte Rifolard... un petit mot d'écrit qui m'a empêché... Voyons donc encore une fois cette lettre... (*Il tire une lettre de sa poche et lit:*) « Mon cher et excellent parrain. La présente est pour vous prier de retarder le choix de la rosière que l'on va couronner jusqu'à mon arrivée, qui aura lieu demain matin... Je vous embrasse. — Votre fil-leule dévouée, Lolotte Rifolard. (*A ce moment Cliquette sort de la maison.*) Sapristi... c'est que j'ai pourtant bien promis à la petite Cliquette...

SCÈNE IV

CHANTELOUP, CLIQUETTE.

CLIQUETTE.

Bonjour, monsieur le garde champêtre.

CHANTELOUP, *à part.*

C'est elle. (*Haut.*) Bonjour, petite Cliquette, bonjour !

CLIQUETTE.

Eh ben, monsieur Chanteloup... c'est-y maintenant que vous allez me présenter à M. le baron ?

CHANTELOUP.

Oh ! oh !

CLIQUETTE.

Comment, oh ! oh !

CHANTELOUP *remontant.*

Un moment... un moment !

CLIQUETTE, *à part.*

Oh ! mon Dieu !... Est-ce que tout à l'heure il aurait vu... (*Haut et pleurant.*) Mais, monsieur Chanteloup, l'autre jour vous me disiez : Petite Cliquette, si tu es bien gentille, tu auras la couronne, je te le promets ! Même que vous avez voulu m'embrasser.

CHANTELOUP, *vivement.*

Mais vous vous trompez, mademoiselle ; vous confondez certainement avec un autre.

CLIQUETTE.

Avec un autre ! oh ! que nenni ! à preuve que je vous ai laissé faire.

AIR : *de l'Apothicaire.*

Oh ! je n' vous ai pas empêché
D' m'embrasser deux fois sur la joue
Et c'est p' t'être ben un péché.
Mais tout franchement je l'avoue,
Entre nous j'ai cru que c'était
(Excusez si j' n'ai pas d'usage)
D' c'te façon qu'on s'assurait
Qu'un' jeune fille était la plus sage.

CHANTELOUP.

Je ne sais pas du tout ce que vous voulez dire, mademoiselle Cliquette. Il est possible qu'un moment j'aie pensé... Mais depuis... des circonstances...

CLIQUETTE, *à part.*

Des circonstances !... Il aura vu Firmin... (*Pleurant.*) Hi ! hi ! hi !

CHANTELOUP, *à part.*

Sapristi !... Et moi qui ne peux pas voir pleurer les femmes... Eh ben, voyons, ne larmoyez pas comme ça... Il a ben assez tombé d'eau c't' année..... C'est pas ma faute, après tout... parce que les devoirs du parrainage... Et puis, d'un autre côté... Vous ne voulez pas cesser de pleurnicher... j' vas lever les écluses !

(*Il sort à gauche.*)

SCÈNE V

CLIQUETTE, *puis* FIRMIN.

CLIQUETTE, *pleurant.*

Hi ! hi ! hi !... que je suis malheureuse !

FIRMIN, *accourant.*

Eh ben... qu'est-ce qu'il se passe donc ?

CLIQUETTE.

Ce qu'il se passe... Ah ! je te disais bien que l'on te verrait, quand tu venais roucouler le matin à cette porte.

FIRMIN.

Tu crois qu'on s'est aperçu !... Ah ! mon Dieu !

CLIQUETTE.

C'est ta faute... Le père Chanteloup ne veut plus me présenter à m'sieu l' baron...

FIRMIN.

Mais il t'avait pourtant promis...

CLIQUETTE.

Pardine ! j'étais bien certaine d'avoir le prix... j'avais fait tout ce qu'il fallait pour ça... c'est toi qui as tout dérangé.

FIRMIN.

Cliquette... Faut pas m'en vouloir, je t'aime tant...

CLIQUETTE.

Joli moyen de me le prouver !

FIRMIN.

Au fond ! la couronne, je m'en moque parfaitement, moi !

CLIQUETTE.

Comment ça, monsieur !

FIRMIN.

Bédame ! évidemment.

AIR : *du Charlatanisme.*

Je puis bien dédaigner ici
Cet emblème que l'on désire,
Moi, je dois être ton mari,
C' n'est qu'après ça que je soupire.
Je veux t'adorer à genoux,
Et si l'on te donnait la rose,
De cette couronne, entre nous,
Dès que je serais ton époux
Il resterait si peu de chose !

CLIQUETTE.

Eh ! bien, voulez-vous vous taire ! (*Pudiquement.*) Heureusement que je ne comprends pas du tout ce que vous voulez dire !

FIRMIN.

Mais, par malheur, ce qui me vexe carrément, vois-tu, Cliquette, c'est que si t'as pas le prix, t'auras pas les cinquante francs.

CLIQUETTE.

Et si je n'ai pas les cinquante francs ?

FIRMIN.

Bernique pour le mariage ! Mon oncle, qu' est d'une avarice..... oh ! mais là !.... comme celui qui l'a inventée...

CLIQUETTE.

Il ne voudra pas consentir.... Mais alors, j'en mourrai, moi, monsieur.

FIRMIN.

Et moi aussi, va...

CLIQUETTE.

Ah ! c'est affreux !

FIRMIN.

Eh bien ! où vas-tu ?

CLIQUETTE.

Je m'en vais dans le clos à Catiche réfléchir à un genre de mort pour moi... et pour toi aussi !

FIRMIN.

J'y vas de même !... parce qu'à deux, j' suis sûr que nous trouverons plus facilement ! Ah ! que je suis malheureux ! (*Il l'embrasse.*)

CLIQUETTE.

Qu'est-ce que vous faites donc ?

FIRMIN.

Je m' console... Et puis d'ailleurs... je peux bien t'embrasser... à présent... il n'y a plus d' danger ! (*Il la rembrasse.*)

CLIQUETTE.

Voulez-vous bien finir. (*Elle se sauve.*)

FIRMIN, *la poursuivant.*

Dis donc, tâchons de trouver quelque chose qui ne fasse pas trop de mal. (*Il sort.*)

SCENE VI

LOLOTTE, *arrivant vivement.*

(*Elle est en paysanne grotesque.*)

Ouf ! !... J'ai-t'y couru.... C'est moi.... Lolotte Rifolard... la fille à défunt Rifolard, qu'était marié à feu Catherine Scolastique... mais, au fait... il n'y a personne... je n'ai pas besoin pour l'instant de faire la bête... (*Au public.*) Car si vous me voyez sous cet accoutrement aussi ridicule que villageois, c'est simplement à cause de la circonstance ! Quand je quittai ce pays pour aller chercher fortune à Paris, ma tante Lebranchu m'a dit, en forme d'adieu : (*Imitant la voix de vieille.*)

AIR: *La Vieille tante* (O. Métra).

Tu t'en vas dans la grande ville,
Ma chère enfant, crois mes avis,
Y rester sage est diificile,
Car il y a tant d'hommes à Paris.
Là, pour une pauvre fillette,
Que de périls à chaque pas,
Le diable, qui toujours la guette,
Jamais ne se rebute, hélas !
Nuit et jour le serpent nous tente,
Retiens les avis de ta tante,
Tant que tu le pourras, vois-tu,
Tâch' de conserver ta vertu !

Aussi, en arrivant à Paris... qu'est-ce que j'ai fait, moi, maline?... Je me suis tout de suite placée dans un magasin de modes... rue Vivienne ! Aussi, tout à côté du magasin où je travaille, il y a un emballeur très à son aise, qui s'est emballé à mon endroit... il m'a offert sa main et tout ce qui s'en suit... mais à une condition..... c'est que je lui fournirais une preuve... oh ! mais là , une preuve convaincante... que j'ai suivi à la lettre les conseils de ma tante... J'étais joliment embarrassée... parce que... je les ai suivis, ces conseils (*Baissant les yeux*), mais peut-être pas tout à fait à la lettre ! Enfin, j'étais joliment embarrassée, quoi, lorsque la patronne de mon magasin reçoit la commande d'une couronne de rosière pour le village de chez nous. Voilà mon affaire, que je me dis. Quand je rapporterai ça à mon prétendant, je pense qu'il sera con-

vaincu ! J'écris à mon parrain; je prends mes cliques et mes claques... Et me voilà ! (*On entend du dehors la voix de Chanteloup*). Je ne me trompe pas... c'est le père Chanteloup ! Attention ! (*Elle prend l'air bêtasse.*)

SCÈNE VII

CHANTELOUP, LOLOTTE

CHANTELOUP.

Enfin... j'ai pu me débarrasser de ces petites pleurnicheuses.

LOLOTTE.

Bonjour, mon parrain... ça va bien?

CHANTELOUP.

Lolotte, ma filleule!...

LOLOTTE.

Mais oui, mon parrain... Embrassez moi donc.

CHANTELOUP.

Volontiers ! (*Il l'embrasse.*)

LOLOTTE.

Ah! ça me fait joliment plaisir.... A mon tour de vous embrasser, mon parrain.

CHANTELOUP.

Volontiers ! (*Elle l'embrasse.*) Je vois que tu n'as pas perdu les bonnes traditions de la campagne.

LOLOTTE, *vivement.*

Je n'ai rien perdu du tout, je vous prie de le croire...

CHANTELOUP.

Je le pense bien ! Ah ! çà, voyons, tu m'as écrit pour me demander de retarder la nomination de la rosière.

LOLOTTE.

Ce que vous avez fait, j'en suis certaine... Vous êtes si bon !

CHANTELOUP.

Seulement, je me creuse en vain la cervelle pour deviner dans quel but...

LOLOTTE.

Comment ! vous n'avez pas compris...

CHANTELOUP.

Sapredienne, non, par exemple...

LOLOTTE.

Que je voudrais que cette rosière...

CHANTELOUP.

Eh bien !

LOLOTTE.

Ça soit moi...

CHANTELOUP.

Toi !

LOLOTTE.

Mais certainement...

CHANTELOUP.

Allons donc !... Une fille qui arrive de Paris !...

LOLOTTE, *naïvement*.

Eh ben ! c'est donc quelque chose de mal d'arriver d' Paris ?

CHANTELOUP.

Non... mais enfin..... Dam ! (*A part.*) Est-ce que depuis trois ans... Ce serait bien invraisemblable ! (*Haut.*) Voyons, conte-moi donc un peu ce que tu as fait depuis que nous ne nous sommes vus.

LOLOTTE.

J' veux bien ! Oh ! c'est pas difficile. (*A part.*) Heureusement que j'ai préparé ma petite histoire.

AIR : *Lettre de la Périchole.*

Oui, mon bon parrain, je vous jure,
Que je puis ne vous cacher rien,
Car vrai ! si je suis partie pure,
Encor plus pure, je reviens !
Tout d'abord dans la capitale
J'ai trouvé, rue du Helder, trois,
Par un bonheur que rien n'égale,
A me placer chez des bourgeois !
La cuisine était des meilleures,
Ça n'est pas moi qui la faisais,
Tous les soirs, couchée à neuf heures,
A six heures je me levais !
Le matin, j'habillais madame,

J'allumais l' feu, je montais l' bois,
Et jamais, je l' jure sur mon âme,
Je ne suis sortie seule une fois.
Le dimanche, j'allais à la messe,
C'est madam' qui m'accompagnait !
Comme une mère, sur ma sagesse
C'est monsieur qui toujours veillait !
Tout le temps que j'fus au service
Le feu n' prit jamais dans l' foyer,
Ce qui fait... l' sort me fut propice,
Que je n'ai jamais connu d' pompier !

CHANTELOUP, *à part*.

Ah ! elle n'a jamais connu de... Tout s'explique alors... Le fait est qu'elle vous a un air godiche.

LOLOTTE.

Et maintenant que vous savez tout ce que j'ai fait là-bas.... vous ne me refuserez pas...

CHANTELOUP.

Dam ! Lolotte... ça ne dépend pas exclusivement de moi...

LOLOTTE.

Oh ! je sais que c'est vous qui devez présenter au baron de Lurelure...

CHANTELOUP.

En effet... mais c'est à lui seul qu'il appartient...

LOLOTTE.

Et vous me désignerez à lui ! c'est convenu, hein ? Mais que ça me fait donc plaisir de vous voir... Embrassez -moi encore.

CHANTELOUP.

Volontiers ! volontiers ! (*Il l'embrasse.*) Seulement... tu sais, Lolotte... avec moi ça ne tire pas à conséquence... mais il ne faut pas te faire embrasser comme ça !

LOLOTTE, *naïvement*.

Tiens ! pourquoi donc ?...

CHANTELOUP, *à part*.

Est-elle naïve, donc, est-elle naïve ! Si on croirait jamais qu'elle arrive de la capitale !

SCÈNE VIII

Les Mêmes, LURELURE.

LURELURE.

Ah ! Chanteloup... je pensais vous trouver ici... Eh ! bien, quoi de neuf ?

CHANTELOUP.

Il y a, monsieur le baron, que je crois avoir trouvé...

LURELURE.

Enfin !

LOLOTTE, *à part.*

C'est drôle... il me semble que je connais cette tête-là...

CHANTELOUP.

Et voici, monsieur le baron, la naïve villageoise que, d'après mon intelligence et mes investigations, je crois pouvoir vous présenter.

(*Il présente Lolotte.*)

LOLOTTE, *saluant gauchement.*

M'sieu le baron !

LURELURE.

Ah ! (*La regardant ; à part.*) C'est drôle... il me semble que je connais cette tête-là... Approchez, mademoiselle.... n'ayez pas peur.

CHANTELOUP.

Va donc, va donc, Lolotte, on ne te mangera pas !

LURELURE.

Certainement ! quoique... (*Au public.*) Quoique j'en aie croqué bien d'autres !

LOLOTTE, *à Lurelure.*

Oh ! j' n'ai point peur, dà... mais c'est qu'on m'a dit qu'il ne fallait jamais approcher trop près d'un homme... Et comme vous me faites l'effet d'être un homme...

CHANTELOUP.

Est-elle innocente, hein ?

LURELURE.

Le fait est qu'elle me paraît être d'une naïveté.... D'ailleurs, je vais m'en assurer.

CHANTELOUP.

Ah ! vous voulez...

LURELURE, *à Chanteloup.*

Oui ! laissez-nous... Dans un instant vous viendrez connaître ma décision.

AIR : *En couronnes, tressons les roses.*

Je veux, seul avec la petite,
L'interroger,
Pour mieux juger
Et ses titres et son mérite.
Bien sûr, cela
Me fixera.

(*Ensemble.*)

LURELURE.

Je veux, seul avec la petite,
L'interroger,
Pour mieux juger
Et ses titres et son mérite.
Bien sûr, cela
Me fixera.

CHANTELOUP.

Il veut, seul avec la petite,
L'interroger
Pour mieux juger
Et ses titres et son mérite.
Bien sûr, cela
Le fixera.

LOLOTTE.

Il veut, et je m'en félicite,
M'interroger,
Pour mieux juger
Et mes titres et mon mérite.
S'il ne faut que cela,
On l' content'ra.

SCÈNE IX

LURELURE, LOLOTTE.

LURELURE.

Approchez, candidate, approchez ! Vous vous appelez...

LOLOTTE.

Lolotte ! *(A part.)* Où donc que j' l'ai vu, ce bonhomme-là ?...

LURELURE.

Votre âge ?

LOLOTTE.

Vingt-trois ans, aux nèfles ! *(A part.)* Bien sûr, c'est cette perruque qui m'empêche de le reconnaître.

LURELURE.

Vous savez, jeune fille, quelles sont les qualités requises pour la cérémonie ?

LOLOTTE.

Pardine !

LURELURE.

Il faut d'abord être modeste et sage...

LOLOTTE, *avec fierté.*

Je le suis, monsieur le baron, je le suis !

LURELURE.

Il faut être surtout d'une ignorance...

(A part.) Il me semble pourtant que j'ai déjà vu cette tête-là. *(Il la regarde attentivement.)*

LOLOTTE.

D'une ignorance....

LURELURE, *à part.*

Ah ! je me rappelle... c'est une ressemblance, bien sûr... Voyons donc ! *(Haut.)* Et dites-moi, mon enfant... qu'est-ce qui est chef d'orchestre au Vaux-Hall ?

LOLOTTE, *vivement.*

Pilodo ! *(A part.)* Aïe !

LURELURE, *furieux.*

En voilà de la naïveté ! Comment, mademoiselle, vous connaissez les bastringues et vous venez effrontément concourir pour le prix de... Oh !

LOLOTTE, *à part.*

Pristi !... j'ai fait une boulette. *(Haut.)* Mais attendez ! Otez-moi donc cette peruque-la, vous...

LURELURE.

Mademoiselle... je vous défends de... *(Lolotte lui tire sa perruque par derrière et le fait retourner.)*

LOLOTTE, *vivement.*

Ah ! je savais bien que je connaissais cette binette-là.

LURELURE.

Binette !

LOLOTTE.

Agénor... surnommé *Bol de punch*, à cause des nombreuses consommations qu'il payait aux dames !

LURELURE.

Virginie, la petite Virginie... je savais bien...

LOLOTTE.

Et ça va-t-il comme vous voulez, Agénor ?

LURELURE.

Plus bas, malheureuse ! si on se doutait. *(A part.)* Jamais mes électeurs ne consentiraient...

LOLOTTE, *bas.*

Il ne faut pas parler de ça ici ?

LURELURE.

J' crois bien !

LOLOTTE.

C'était pourtant joliment amusant, hein ?.... vous rappelez-vous ? Il y a trois ans à Valentino... où j'ai eu l'honneur de faire votre connaissance.

LURELURE.

Plus bas ! plus bas !

LOLOTTE.

Ah ! Valentino ! Rien que ee nom-là me donne des fourmis dans les jambes.

LURELURE

Oh ! le fait est que... moi aussi.

AIR : *De Poterie* (Ch. Lecoq).

C'est au bal de Valentino,
Que l'on peut, pour pas cher, s'amuser à gogo :
On y danse les jours de fête,

Tous les dimanches, les lundis,
Et les jeudis,
Au son du piston,
Au son du violon,
D' la grosse caisse et d' la clarinette,
Au son du piston,
Au son du violon,
De la contrebasse et du basson.

LOLOTTE.

Comme à Mabille, on y voit peu
De d'moiselles au chignon jaunâtre,
A peine un simple bonnet bleu,
Mais comment gaîment on folâtre,
En se moquant pas mal du chic.
On n' travaille pas pour le public.

(*Reprise ensemble.*)
C'est au bal de Valentino,
Etc., etc.

(*Danse sur la ritournelle.*)

SCÈNE X

LES MÊMES, FIRMIN.

FIRMIN, *arrivant par la droite.*

Tiens, le baron avec une paysanne.
(*Voyant qu'ils dansent.*) Qu'est-ce qu'ils
font donc là !

LURELURE.

Eh bien ! malheureuse.... si l'on nous
voyait.

LOLOTTE.

C'est juste, au fait... Pour une rosière...

FIRMIN, *à part.*

Une rosière... C'est elle qui a pris la
place de...

LURELURE.

Ah ! une rosière ! pardon... vous com-
prenez bien, Virginie que ce n'est pas moi
qui...

LOLOTTE.

Ce n'est pas vous qui... Oh ! mais si,
c'est vous qui... y a pas à dire... faut que
e la rapporte, la couronne... Et si vous

n'êtes pas gracieux avec moi.... je racon-
terai tout : Bol de punch ! versez... Boum !

LURELURE.

Et le conseil général... si l'on savait...
Bol de punch... mais je serais flambé !

FIRMIN, *à part.*

Qu'est-ce que c'est que ces manigances-
là ?

LULELURE.

Eh ! bien, voyons, tout ça peut s'arran-
ger... parce qu'après tout... aller tous les
soirs à Bullier...

LOLOTTE.

Au Vaux-hall...

LURELURE.

A Valentino.

LOLOTTE.

Ça n'empêche pas de rester parfaitement
vertueuse !

LURELURE.

Certainement ! certainement !..... Alors
motus des deux côtés.

LOLOTTE.

C'est entendu.

FIRMIN, *se montrant.*

Ah ! mais ça ne se passera pas comme
ça !

LOLOTTE et LURELURE.

Hein ?

FIRMIN, *à Lolotte.*

Comment, mams'elle, c'est vous qui
allez être...

LOLOTTE.

Certainement, jeune homme, que c'es
moi qui vas t'être...

[FIRMIN.

Si ça me plaît, pourtant !

LURELURE.

Comment, si ça vous plaît.

FIRMIN.

Un peu, donc... Parce que si je voulais
raconter...

LOLOTTE.

Quoi donc ?

FIRMIN.

Le Vaux-hall... Valentino...

LOLOTTE, *à part.*

Aïe... aïe... Il a tout entendu.

FIRMIN.

Et Bol de punch... versez... Boum !...

LURELURE, *à part.*

Sapristi !

FIRMIN, *à part.*

Du diable si je sais ce que tout ça veut dire !

LOLOTTE.

Silence... malheureux !...

LURELURE.

Plus bas ! c'est des affaires politiques !

FIRMIN.

Je m'en moque pas mal ! (*Criant.*) Eh, Bastienne, Jeanneton...

LOLOTTE.

Taisez-vous donc.

FIRMIN.

Ah ! ben oui ! (*Criant.*) Catiche, Cliquette ! Tout le monde...

LURELURE.

Mais sapristi, qu'est-ce qu'il vous faut donc ?

FIRMIN.

Il m' faut ! Il m' faut... que Cliquette soit couronnée... c'est pas pour la couronne... c'est pour les cinquante francs ! (*Criant.*) Hé ! Bastienne... Jeanneton !

LOLOTTE, *vivement.*

Les cinquante francs... mais je vous les donne, les cinquante francs... Je m'en moque pas mal, des cinquante francs !

LURELURE.

Et je double la somme... si tu promets de garder le secret...

FIRMIN.

Je crois bien que je le garderai...(*A part.*)

D'autant plus que je ne comprends rien à tout ce qu'ils ont dit ! (*Haut.*) Cent francs... me voilà millionnaire !

LOLOTTE, *à part.*

Enfin ! me voilà emballeuse !

SCÈNE XI

LES MÊMES, CLIQUETTE, CHANTELOUP.

CLIQUETTE et CHANTELOUP.

AIR : *Des horreurs de la guerre.*

Que veut dire ce tapage,
Pourquoi crier ainsi?
Le feu serait-il au village,
Que se passe-t'il ici?

(*Reprise tous ensemble.*)

CHANTELOUP.

Eh bien!... Pourquoi ces cris?... (*Tirant son sabre.*) S'il y a besoin de réprimer le désordre....

LURELURE.

Il ne s'agit pas de ça...

LOLOTTE.

C'est ce jeune homme qui poussait des exclamations de joie en l'honneur de ma nomination...

CLIQUETTE.

Votre nomination...

CHANTELOUP.

Alors, monsieur le baron, vous êtes satisfait...

LURELURE.

Parfaitement, parfaitement...

CLIQUETTE.

Comment, c'est mademoiselle... (*Pleurant.*) Hi ! hi ! hi!

FIRMIN, *bas.*

Ne pleure donc pas... Elle rend l'argent... J'ai de quoi t'épouser! et deux fois, même!

LURELURE.

Oui, mes amis... (*Présentant Lolotte.*) Et je vous présente mademoiselle qui a mérité, par sa bonne conduite, par sa modestie... par son élasticité... Non... c'est-à-dire...

LOLOTTE.

Vous nous finirez ça tantôt...

CHANTELOUP.

Au moment de la cérémonie.

CHŒUR.

AIR : *De la Corde sensible.*

Certes, elle peut se montrer fière.
Lorsque triomphe le bon droit
Si dans ce jour elle est rosière,
A son mérite elle le doit!

FIN.

S'adresser, pour la musique et les orchestrations, à **M. L. BATHLOT** ,
39. rue de l'Échiquier.

L. BATHLOT, ÉDITEUR, 37, rue de l'Échiquier.

OPÉRAS-COMIQUES ET OPÉRETTES

Morceaux de piano en tous genres, — *valses*, — *quadrilles* et *mazurkas*,
POUR PIANO ET POUR ORCHESTRE.

PARIS — IMPRIMERIE ALCAN-LÉVY, 61, RUE DE LAFAYETTE